BEI GRIN MACHT SICH IHR
WISSEN BEZAHLT

Bibliografische Information der Deutschen Nationalbibliothek:

Die Deutsche Bibliothek verzeichnet diese Publikation in der Deutschen National-bibliografie; detaillierte bibliografische Daten sind im Internet über http://dnb.d-nb.de/ abrufbar.

Impressum:

Copyright © 2020 GRIN Verlag
Druck und Bindung: Books on Demand GmbH, Norderstedt Germany
ISBN: 9783346184696

Dieses Buch bei GRIN:

https://www.grin.com/document/539523

Jacqueline Preuss

Krafttraining in der Trainingsplanung. Muskelaufbau gegen leichte Rückenschmerzen

GRIN Verlag

GRIN - Your knowledge has value

Der GRIN Verlag publiziert seit 1998 wissenschaftliche Arbeiten von Studenten, Hochschullehrern und anderen Akademikern als eBook und gedrucktes Buch. Die Verlagswebsite www.grin.com ist die ideale Plattform zur Veröffentlichung von Hausarbeiten, Abschlussarbeiten, wissenschaftlichen Aufsätzen, Dissertationen und Fachbüchern.

Besuchen Sie uns im Internet:

http://www.grin.com/

http://www.facebook.com/grincom

http://www.twitter.com/grin_com

Deutsche Hochschule für

Prävention und Gesundheitsmanagement

Einsendeaufgabe

Fachmodul: Trainingslehre 1

Studiengang: Fitnessökonomie

Name, Vorname: Preuss, Jacqueline

Studienort: **Köln**

Semester: **WS 2019**

1

Inhaltsverzeichnis

1 Diagnose

Bevor für die Probandin ein individueller Trainingsplan erstellt werden kann, ist ein Anamnesgespräch erforderlich. Mit diesem Eingangsgespräch wird der Ist-Zustand festgestellt, indem alle notwendigen Daten erfragt werden, sowohl allgemeine als auch biometrische Daten. Wichtige relevante Informationen, die der Trainer wissen muss, ist das Geschlecht, das Alter, der Gesundheitszustand, Einnahmen von Medikamenten und der aktuelle Leistungsstand. Neben diesen allgemeinen Informationen, spielen aber auch die biometrischen Daten, für eine optimale Trainingssteuerung, eine wichtige Rolle. Hier zu nennen ist der Blutdruck, das Körpergewicht und der Körperfettgehalt. Um einen zielorientierten Soll-Wert für den Kunden zu ermöglichen dürfen die Trainingsmotive und Wünsche nicht außer Acht gelassen werden.

1.1 Allgemeine und biometrische Daten

Tab. 1: Allgemeine und biometrische Daten einer Person (eigene Darstellung)

Allgemeine und biometrische Daten	
Allgemeine Daten	
Alter	35 Jahre
Geschlecht	weiblich
Körpergröße	158 cm
Körpergewicht	64 kg
Berufliche Tätigkeit	Sekretärin (überwiegend sitzend)
Aktuelle sportliche Aktivitäten	Joggen, einmal die Woche eine Stunde
Frühere sportliche Aktivitäten	Keine
Trainingsmotive	- Muskelaufbau - Rückenschmerzen reduzieren - Körperfettgehalt reduzieren
Zeitlicher Verfügungsrahmen	Zweimal pro Woche, höchstens eine Stunde
Biometrische Daten	
Blutdruck	123mmHG / 81mmHG
Ruhepuls	70 Schläge pro Minute (Normwert: 60-80 Schläge pro Minute)
Körperfettgehalt	29 % (durchschnittlicher Wert 25-31%)
Allgemeiner Gesundheitszustand	
Orthopädische Probleme	Leichte Rückenschmerzen im Lendenwirbel-Bereich, auf einer Skala von 1-10 bei 6, Verspannungen im Nacken

Allgemeine und biometrische Daten	
Internistische Probleme	keine
Ärztliche Behandlung	keine
Einnahmen von Medikamenten	keine
Sonstige gesundheitliche Einschränkungen	keine

Tab. 2: Blutdruckklassifikation der American Heart Association (modifiziert nach Mancia et al., 2013, S.1286)

Blutdruckklassifikation der American Hurt Association			
	Bewertungsstufen	Systolischer Blutdruck	Diastolischer Blutdruck
Normblutdruck (Normotonie)			
	Optimal	Unter 120 mmHG	Unter 80 mmHG
	Normal	Unter 130 mmHG	Unter 85 mmHG
	Hochnormal	130 – 139 mmHG	85-89 mmHG
Bluthochdruck (arterielle Hypertonie)			
	Stufe 1	140 – 159 mmHG	90-99 mmHG
	Stufe 2	160 – 179 mmHG	100-109 mmHG
	Stufe 3	> 180 mmHG	> 110 mmHG

Die Kundin befindet sich in einem relativ guten Gesundheitszustand. Aufgrund ihrer beruflichen Tätigkeit, die sie überwiegend im Sitzen vollbringt, hat sie Schmerzen im Lendenwirbel-Bereich, da dieser dabei stark belastet wird. Neben den Schmerzen im Rücken hat sie Verspannungen im Nacken, die auf ihre schlechte Haltung im Sitzen hinweisen. Abgesehen davon, hat sie keine weiteren gesundheitlichen Einschränkungen und auch keine internistischen Probleme. Sie ist im Training auch keinen Gefahren ausgesetzt, da sie keinerlei Medikamente einnimmt. Schaut man sich die biometrischen Daten der Probandin an, sieht man, dass der Blutdruck und der Ruhepuls im optimalen Bereich liegen. Ihr Körperfettgehalt von 29% liegt ebenso im normalen Bereich (American Council on Exercise, 2009). Sie möchte diesen senken und ihren Körper somit definieren.

4

1.2 Krafttestung

Um eine optimale Trainingssteuerung zu ermitteln, gibt es verschiedene Krafttests. Man unterscheidet hier zwischen einem 1 Repetition Maximum-Test (1-RM-Test), einem Mehrwiederholungskrafttest (X-RM-Test) oder auch die Krafttestung über das subjektive Belastungsempfinden. Ein Krafttest ausschließlich über das subjektive Belastungsempfinden ist bei dieser Probandin nicht zu empfehlen. Erfahrungsgemäß können sich die weiblichen Sportler nicht so recht einschätzen, gerade als Einsteiger im Kraftsport, fällt ihnen die Intensitätsbestimmung oft noch schwer.

Der 1-RM-Test ist ebenfalls nicht passend für sie, da die Belastungen, die dabei aufgrund des hohen Gewichtes auf den Körper einwirken, als Anfängerin zu hoch wären, da auch ein hohes Verletzungsrisiko besteht. Bei dieser Art von Test wird die dynamisch konzentrische Kraft für eine einzige Wiederholung gemessen.

Das beste Testverfahren um die Kraft zu messen ist somit der X-RM-Test. Nach Eifler (2019, S.151) ist das Ziel bei einem Mehrwiederholungskrafttest die Ermittlung des maximal zu bewältigendem Gewicht. Diese Art von Test dient als guten Einstieg für Beginner, da der Fokus hier auf der Bewegungsausführung liegt. Hier wird die dynamisch konzentrische Maximalkraft für die Wiederholungszahl „X" gemessen, die vorher durch den Trainer definiert wurde. Mit dieser Wiederholungszahl wird anschließend auch im Training trainiert.

1.2.1 Testablauf

Der Testablauf erfolgt an den Geräten, die auch mit in den Trainingsplan aufgenommen werden. Bevor der Mehrwiederholungskrafttest mit der Probandin durchgeführt wird, erfolgt ein Aufwärmprogramm. Die erste Phase bezeichnet man als Allgemeines Aufwärmen. Dies erfolgt 10 Minuten, mit einer Herzfrequenz von 125 Schlägen pro Minute auf dem Laufband um sich mental auf das nachfolgende Training einzustellen, das Herz-Kreislauf-System zu aktivieren und Synovialflüssigkeit zu bilden. Anschließend folgt das spezielle Aufwärmen um die beteiligten Muskelgruppen und Gelenk Strukturen zu stimulieren. Dies führt die Kundin an jedem einzelnen Gerät, an dem der Test durchgeführt wird, aus. Bei diesen Aufwärmsätzen ist zu beachten, dass keine vorzeitige Leistungsminderung durch eine Laktatbildung erfolgt. Das Maximum bei einem Aufwärmsatz liegt deshalb bei 10 Wiederholungen bei 50% des Arbeitsgewichtes. Bei jedem Gerät werden maximal drei Testsätze durchgeführt wobei das Gewicht innerhalb dieser so gesteigert werden soll, dass der Muskel eine maximale Belastung erreicht. Zwischen den Sätzen erfolgt eine dreiminütige Pause. Das Anfangsgewicht im ersten Testsatz wird durch den Trainer bestimmt. Nach Eifler (2019, S.152) kann von Satz zu Satz das Gewicht nach dem subjektiven Belastungsempfinden um fünf, zehn oder 25 Prozent gesteigert werden. Trainiert wird während des ganzen Tests mit einer „Time under Tension" von „2/0/2". Es wird keine Sekunde statisch gehalten. Sowohl die exzentrische als auch die konzentrische Bewegung dauert zwei Sekunden. Das optimale Trainingsgewicht ist erreicht, wenn die Probandin gerade so 15 Wiederholungen sauber schafft. Nach dem Test führt die Probandin ein Cool-Down von ca.10-15 Minuten auf den Crosstrainer, bei einer Herzfrequenz von ca. 125 Schlägen pro Minuten durch, um die Körpertemperatur und die Herzfrequenz zu senken. Außerdem wird durch ein Cool-Down eine schnellere Regenerationszeit hervorgerufen. (Rogan S., 2008, S.28)

Tab. 3: Testergebnisse des 15-RM-Tests der Probandin (eigene Darstellung)

15-RM-Test					
Übung	Wiederholun-gen	Testsatz 1	Testsatz 2	Testsatz 3	Ergebnis
Beinpresse am Gerät	15	30kg	40 kg	45 kg	45 kg
Beinbeuger am Gerät	15	15 kg	22,5 kg	27,5 kg	27,5 kg
Rückenstrecker am Gerät	15	25 kg	35 kg	40 kg	40 kg
Latzug am Gerät	15	10 kg	15kg	17,5 kg	17,5 kg
Butterfly Reverse am Gerät	15	5 kg	10 kg	15 kg	15 kg
Brustpresse am Gerät	15	5 kg	10 kg	12,5 kg	12,5 kg
Abdominal Flexion am Gerät	15	15 kg	20 kg	27,5 kg	27,5 kg

1.2.2 Schlussfolgerung

Nach jedem Mesozyklus wird der X-RM- Test durchgeführt um Vergleiche und Veränderungen festzustellen, um sie somit auch zu motivieren, da sie selber ihre Verbesserungen erkennen kann. Um aber einen intraindividuellen Vergleich der Leistungsentwicklung darzustellen, gilt es als Voraussetzung, den Test mit den gleichen Belastungsparametern durchzuführen. So kann man dies auch dokumentieren und anhand dessen bewerten. Bei der „Individuellen Leistungsbild-Methode" dient der X-RM Test dazu, mit welcher Intensität, in Abhängigkeit des Leistungsstandes trainiert werden kann. Der Mehrwiederholungstest dient somit als professionelle Trainingssteuerung. In dieser Hinsicht bringt der Test gute Ansätze mit sich, ist jedoch im Hinblick auf einen Leistungsvergleich mit anderen Teilnehmenden eher nicht geeignet. Verschiedene äußerliche Einflüsse werden hier bei der Leistungsfähigkeit, mit dem maximalen Gewicht, eine Bewegung X-mal zu wiederholen, nicht berücksichtigt. Eine große Rolle spielt dabei zum Beispiel die Motivation oder der momentane Gesundheitszustand einer Person. Um aber einen interindividuellen Vergleich herstellen zu können, bräuchte man Normwerte für jede Kraftübung und Altersgruppen in Bezug auf die verschiedenen Leistungsstufen. Aus dem oben genannten Grund ist mit diesem Krafttest kein Normwertvergleich möglich.

2. Zielsetzung / Prognose

Ganz am Anfang wurden die Trainingsmotive der Probandin in einem Anamnesegespräch erfragt. Diese sind wichtig um jetzt eine genaue Zielsetzung mit dem Inhalt, dem Ausmaß und der Zeit zu formulieren. Im Vordergrund für sie steht die Verbesserung der allgemeinen Fitness. Sie möchte ihre Rückenschmerzen lindern und diese durch ein Muskelaufbau vorbeugen, um schlimmere Schmerzen zu verhindern. Des Weiteren ist ein Wunsch, ihr Körperfettgehalt zu reduzieren, um den Körper zu definieren. Auf der Basis dieser Motive wurden drei Ziele für die Trainingsplanung entwickelt, welche man in Tabelle vier sehen kann.

Tab. 4: Biometrische und sportmotorische Ziele der Probandin (eigene Darstellung)

Biometrische und Sportmotorische Ziele		
Inhalt	Ausmaß	Zeit
Rückenschmerzen lindern	Auf einer Schmerzskala von 6 auf 2	6 Monate
Körperfettgehalt reduzieren	- 4kg (Tanita-Waage)	6 Monate
Muskelaufbau	+ 2kg (Tanita-Waage)	6 Monate

Die Schmerzen sind noch auszuhalten, dennoch bilden sie im Alltag ein Störfaktor. Innerhalb der nächsten sechs Monate sollen sich die Schmerzen auf einer Schmerzskala von sechs auf zwei reduzieren, indem die Rücken und Rumpfmuskulatur aufgebaut, wird. Hierzu findet einmal die Woche ein Gespräch über die Veränderungen der Schmerzen, statt, welches zur Bewertung dokumentiert wird. Durch den Bewegungsmangel fühlt sie sich mit ihrem momentanen Gewicht und somit ihrer Figur nicht wohl. Mit großer Motivation möchte sie innerhalb der nächsten sechs Monate ihr Körperfettgehalt um vier Kilogramm reduzieren. Hierfür bekommt sie auch einen individuellen Ernährungsplan erstellt. Das dritte Ziel, dass sie verfolgt, ist der Muskelaufbau. Sie fühlt sich oftmals schwach und möchte innerhalb sechs Monaten zwei Kilogramm an Muskelmasse zulegen. Dies wird regelmäßig anhand einer Körperanalyse mit der Tanita Waage kontrolliert.

3 Trainingsplanung Makrozyklus

Der Makrozyklus besteht in diesem Fall aus vier Mesozyklen und ist für eine längerfristige Trainingsplanung von Vorteil. Das Ziel eines Makrozyklus ist es, die momentane Leistungsfähigkeit ständig zu verbessern. Die Belastungsparameter sind deshalb für eine zielorientierte Trainingsplanung entscheidend.

3.1 Darstellung des Makrozyklus

Tab. 5: Trainingsplanung des Makrozyklus nach der ILB- Methode für einen Beginner (eigene Darstellung)

Trainingsplanung des Makrozyklus

	Mesozyklus 1	Mesozyklus 2	Mesozyklus 3	Mesozyklus 4
Dauer	6 Wochen	7 Wochen	7 Wochen	4 Wochen
Trainingsmethodik	Kraftausdauer	Muskelaufbau extensiv	Muskelaufbau intensiv	Maximalkrafttraining
Organisationsform	GK/Station	GK/Station	GK/Station	GK/Station
Häufigkeit / Woche	2	2	2	2
Übungen / Muskel	1-2	1-2	1-2	1-2
Sätze/Übung	2	2	2	2
Intensität	50-70% ILB	50-70% ILB	50-70% ILB	50-70% ILB
Wiederholungen	15	12	10	6
Satzpause	60 Sekunden	90 Sekunden	90 Sekunden	120 Sekunden
Bewegungstempo	2/0/2	2/0/2	2/0/2	2/0/2

3.1.1 Begründung der übergeordneten Trainingsmethode

Der perfekte Einstieg für die Kundin als Beginner im Kraftsport ist die Individuelle-Leistungsbild-Methode nach Eifler. Vor jedem Zyklus, dient der X-RM-Test, der sogenannte „Individuelle-Leistungsbild-Test", als Referenzgröße für die Berechnung der Trainingsintensitäten. In jedem Zyklus liegt die Belastungsintensität bei 50 Prozent des ILB-Tests, ist also relativ gering. Somit soll keine Überlastung hervorgerufen werden und der Fokus liegt bei der richtigen Bewegungsausführung. Um positive Effekte auszulösen, muss die Trainingsintensität mindestens 50 Prozent der Maximalkraft betragen. Krafttrainingsintensitäten unter 50 Prozent scheinen im Hinblick auf Muskelaufbauprozesse unwirksame Trainingsreize darzustellen (Güllich & Schmidtbleicher, 1999, S. 226). Damit die Probandin nicht stagniert und eine progressive Leistungssteigerung vorliegt, wird die Intensität bis Ende jedes Mesozyklus bis auf 70 Prozent des ILB-Tests erhöht. Die erste Trainingsmethode ist auf ein Kraftausdauertraining ausgelegt. Als nächstes folgt ein extensives und intensives Muskelaufbautraining. Der Unterschied der beiden Hypertrophie-Trainingsmethoden liegt allein an der Veränderung der Intensität und der Wiederholungszahl, um nochmal einen intensiveren Reiz zu setzen. Zu guter Letzt wird noch die Maximalkraft trainiert und danach ist der Makrozyklus zu Ende. „Unter Maximalkraft wird die höchste Kraft verstanden, die das neuromuskuläre System bei einer maximalen willkürlichen Kontraktion entfalten kann." (Güllich & Schmidtbleicher, 1999, S.224)

3.1.2 Begründung der Belastungsparameter

Im Krafttraining ist es sehr wichtig, die Belastungsparameter so zu wählen, dass zielorientierte und optimale Trainingsbeanspruchungen erzielt werden.

Die Anzahl der Trainingseinheiten pro Woche wird im Krafttraining in der Regel als Belastungshäufigkeit definiert. (Martin, D., Carl, K. & Lehnertz, K., 1993, S.30) Für die Probandin ist eine Trainingseinheit zweimal pro Woche vorgesehen. Eine, fünf und sechs Trainingseinheiten sind weniger effizient, als zwei, drei oder 4 Trainingseinheiten innerhalb einer Woche. (Fröhlich M. & Schmidtbleicher D., 2008, S. 8) Ist die Belastungshäufigkeit zu hoch, kann es passieren, dass die Adaptationen negativ ausfallen, da es zu einem Übertraining kommen kann aufgrund einer zu kurzen Regenerationszeit. Um bei der Probandin weder zu einer Unterforderung noch zu einer Überforderung zu kommen, sind eins bis zwei Übungen pro Muskelgruppe, sowie zwei Sätze pro Übung, vorgesehen. Dies ist völlig ausreichend, um einen Muskel zu ermüden und um einen trainingswirksamen Reiz zu erzielen. Im „Grobraster zur Trainingsplanung nach der ILB-Methode" wurde die Probandin als Beginner eingestuft wird. Deshalb ist eine Intensität von 50-70 Prozent während des ganzen Makrozyklus vorgesehen. (Eifler, 2019, S.196) Trainiert wird in jedem Mesozyklus mit einer „Time under Tension" von „2/0/2". Somit dauert eine Wiederholung vier Sekunden. Zwischen den Sätzen ist die Belastungsdichte ein sehr wichtiger Faktor. Martin et al., (1993. S.92) bezeichnet im Krafttraining die Belastungsdichte als Pausenzeit zwischen den Sätzen. Je größer die Intensität, desto größer ist die Pause, um eine optimale Regenerationszeit für die Muskeln zu gewährleisten. Die Satzpause beträgt also beim erstem Zyklus 60 Sekunden, bei den nächsten beiden Zyklen 90 Sekunden und wenn es um die Maximalkraft geht, ist die Regenerationszeit am höchsten. Somit beträgt die Pause 120 Sekunden nach jedem Satz.

3.1.3 Begründung der Organisationsform

Während des ganzen Makrozyklus wurde für die Probandin ein Ganzkörpertraining an Stationen vorgesehen. Dieses Krafttraining an geführten Maschinen ist ein guter Einstieg für Anfänger. Dadurch werden alle Hauptmuskelgruppen gleichzeitig trainiert und können gut aufgebaut werden. Bei einem Split Training hingegen, werden die Muskelgruppen an unterschiedlichen Tagen trainiert. Aufgrund ihres Leistungszustand und ihrem zeitlichen Verfügungsrahmen ist ein Split-Training keine Option. Die Reizsetzung für die Muskeln wäre viel zu wenig, weswegen ein Ganzkörpertraining eine optimale Organisationsform für die Probandin darstellt.

3.1.4 Begründung der Periodisierung

Der Makrozyklus hat einen Umfang von 24 Wochen und ist in vier Mesozyklen aufgeteilt. Unter der Periodisierung im Krafttraining versteht man die Variation der Belastungsparameter, welches das Kernelement der ILB-Methode darstellt. Mit jedem neuen Mesozyklus wird die Belastungsintensität mit Hilfe des ILB-Tests, sowie die Übungsauswahl an den aktuellen Leistungsstand angepasst. (Eifler, 2013, S.75)

Von Zyklus zu Zyklus verringert sich die Wiederholungszahl, während die Intensität steigt. Man spricht von einer linearen Periodisierung oder auch von einer Blockperiodisierung. Somit ist gewährleistet, dass die Probandin aufgrund veränderter Belastungsparameter, mit jedem neuen Mesozyklus immer wieder neue Reize kennenlernt, wodurch es immer wieder zu neuen Anpassungen des Bewegungsapparats kommt. Die erste Trainingsmethodik umfasst ein Kraftausdauertraining von sechs Wochen, um vor allem eine Reduzierung des Körperfettgehalts zu erreichen. Das Kraftausdauertraining stellt eine Basis für die Trainingsplanung dar. Es findet eine Gewöhnung der Bewegungen an den Geräten, sowie eine Stärkung und Kapillarisierung der Muskulatur statt. Auf diesen Grundbaustein kann das Training weiter aufgebaut werden. Als nächste Methodik, ausgelegt auf ihr Ziel, Muskeln aufzubauen, erfolgt ein extensives und intensives Hypertrophie Training. Ein Zyklus geht jeweils sieben Wochen. Beim extensiven Muskelaufbautraining erfolgt hier eine spezielle Adaptation der Muskeln und Knochen. Der dritte Mesozyklus beinhaltet einen intensiven Muskelaufbau, um die Muskulatur zu stärken und somit ihre Schmerzen im Rücken zu lindern. Im letzten Zyklus ist die Methodik des Maximalkrafttrainings vorgesehen. Hier ist die Intensität am höchsten, deswegen erfolgt diese Methodik nach dem Hypertrophie Training. Der Fokus liegt hier bei einer Kraftsteigerung durch die Verbesserung der intramuskulären Koordination.

4 Mesozyklus

Tab. 6: Mesozyklusplanung des 1. Mesozyklus (eigene Darstellung)

Mesozyklusplanung des 1. Mesozyklus	
Dauer: 6 Wochen	Sätze pro Übung: 2
Spezifisches Trainingsziel: Kraftausdauer	Satzpausen: 60 Sekunden
Trainingseinheiten /Woche: 2	Wiederholungszahl: 15
Organisationsform: GK/Station	Intensität: 50-70% des X-RM
Übungen pro Muskelgruppe: 1-2	Bewegungstempo: 2/0/2

Tab. 7: Übungsdarstellung des 1. Mesozyklus (eigene Darstellung)

Übungsdarstellung des 1. Mesozyklus							
Übung	X-RM-Test	Woche 1 (50%)	Woche 2 (55%)	Woche 3 (60%)	Woche 4 (65%)	Woche 5 (67,5%)	Woche 6 (70%)
Beinpresse am Gerät	80 kg	40 kg	44kg	48 kg	52 kg	54 kg	56kg
Beinbeuger am Gerät	30 kg	15 kg	16,5 kg	18 kg	19,5 kg	20,25 kg	21 kg
Rückenstrecker sitzend am Gerät	40 kg	20 kg	22 kg	24 kg	26 kg	27 kg	28 kg
Latzug zur Brust am Gerät	15 kg	7,5 kg	8,25 kg	9 kg	9,75 kg	10,125 kg ~ 10 kg	10,50 kg
Butterfly reverse am Gerät	15 kg	7,5 kg	8,25 kg	9 kg	9,75 kg	10,125 kg ~ 10 kg	10,50 kg
Brustpresse am Gerät	15 kg	7,5 kg	8,25 kg	9 kg	9,75 kg	10,125 kg ~ 10 kg	10,50 kg
Rumpfbeugen an der Bauchmaschine	25 kg	12,5 kg	13,75 kg	15 kg	16,25 kg	16,875 kg ~ 17 kg	17,5 kg

Das sechswöchige Kraftausdauertraining steht als erstes auf dem Programm der Probandin und wird zweimal die Woche, in Form von einem Ganzkörpertraining an verschiedenen Geräten, durchgeführt. Jede Muskelgruppe enthält eins bis zwei Übungen. Diese werden jeweils zwei Runden, jeweils 15-mal, mit einer Pause von 60 Sekunden durchgeführt. Die Intensität steigert sich von 50 Prozent bis zum Ende des Zyklus auf 70 Prozent. Bevor der Plan von der Probandin ausgeführt wird, findet zuerst ein allgemeines und spezielles Aufwärmprogramm statt. Das Training wird mit einem Cooldown beendet. Insgesamt dauert das Training mit Auf und Abwärmen 45 bis 60 Minuten und sollte eine Stunde nicht überschreiten.

4.1 Begründung der Übungsauswahl

Der Trainingsplan findet ausschließlich an den Geräten statt und beinhaltet insgesamt sieben Übungen. Die wichtigsten Muskelgruppen sind beinhaltet. Als Trainingsanfänger ist maschinengestütztes Training sehr gut, da die Bewegungen schnell gelernt werden und das Verletzungsrisiko geringer ist als bei freien Übungen, da die Übungsvarianz deutlich kleiner ist. Außerdem können die Muskeln so gut isoliert trainiert werden.

4.1.1 Beinpresse sitzend am Gerät

Die Beinpresse steht als erstes auf dem Plan, da dies eine komplexe, mehrgelenkige Übung ist. Durch die Beinpresse kommt es zur Extension des Kniegelenks und des Hüftgelenks und stellt so eine abwechslungsreiche Bewegung zum sitzen dar, da hier eine ständige Flexion der beiden Gelenke vorliegt. Des Weiteren wird zu einem kleinen Anteil, auch der untere Rücken trainiert. Dies unterstützt das Ziel, die Rückenmuskulatur aufzubauen um die Schmerzen zu lindern. Für die Streckung im Kniegelenk, spielt neben dem Musculus tensor fasciea latea der Musculus quadriceps femoris eine entscheidende Rolle. An der Extension der Hüfte ist die ischiocrurale Muskulatur, Musculus glutaeus maximus und der Musculus biceps femoris, caput longum beteiligt.

4.1.2 Beinbeuger sitzend am Gerät

Man sollte Agonisten und Antagonisten gleichmäßig trainieren, um eine Verletzung des schwächeren zu verhindern. Dies ist hier der Fall bei der Beinpresse und bei dem Beinbeuger. Es wird durch den Beinbeuger eine Dysbalance zwischen dem Musculus quadriceps femoris und dem Musculus biceps femoris verhindert.

Der Beinbeuger trainiert die Hinterseite des Oberschenkels und es wird überwiegend die ischiocrurale Muskulatur gestärkt.

4.1.3 Rückenstrecker sitzend am Gerät

Der Fokus bei dieser eingelenkigen Übung liegt hier auf der Stärkung des Musculus errector spinae. Hier werden die Muskeln im unteren Rücken, die links und rechts von der Wirbelsäule liegen, isoliert trainiert, und sollen bei der Probandin langfristig für eine aufrechte Haltung sorgen. Die Haltung soll nicht nur mit einem aufrechten Gang oder einem rückengerechten Anheben verschiedener Gegenstände in Verbindung gebracht werden. Für eine Bewegung, inklusive der Dynamik und der einwirkenden Kräfte, ob antizipiert oder unerwartet, gilt es eine spezifische, ideale Haltung einzunehmen um verletzungsfrei und leistungsfähig bestehen zu können (Gottlob, 2019, S. 12).

4.1.4 Latzug zur Brust, vertikal sitzend am Gerät

Ein drittes Gerät, das für eine aufrechte Haltung, durch das Zusammenspiel der Brust und des Rückens, und zur Reduzierung von Nackenschmerzen führt, ist der Latzug.

Primär wird hier der Musculus latissimus dorsi, Musculus trapezius pars ascendens, M. rhomboideus minor und major sowie der Musculus teres major trainiert. Als unterstützende Muskulatur wird hier der Musculus biceps brachii, Musculus errector spinae, Musculus brachialis und der Musculus brachioradialis beansprucht.

4.1.5 Butterfly reverse sitzend am Gerät

Für eine gesunde Körperhaltung sorgt auch der Butterfly, der die obere Rückenmuskulatur und hintere Schultermuskulatur trainiert.

Der Fokus liegt hier auf der Öffnung der Arme nach hinten, durch die Stärkung des Musculus deltoideus pars spinata und dem Musculus trapezius pars transversa. Diese Übung reduziert ebenso Verkürzungen im Brustbereich, da die Brust gegen Widerstand geöffnet wird und reduziert somit die Nackenschmerzen der Probandin.

4.1.6 Brustpresse sitzend am Gerät

Die Brustpresse ähnelt dem Bankdrücken und trainiert primär den Musculus pectoralis major und minor, sowie den M. deltoideus pars clavicularis. Auch beansprucht wird der Musculus triceps brachii und der Musculus serratus anterior. Durch das Zusammenspiel der Brustpresse und dem Butterfly wird eine aufrechte Haltung verstärkt hervorgehoben, denn durch die Brustpresse werden auch die Schultern stabilisiert.

4.1.7 Rumpfbeugen an der Bauchmaschine

Da die Rückenmuskulatur in Verbindung zur Rumpfmuskulatur zu einer starken Körpermitte führt, muss auch der Bauch gestärkt werden. Damit bei den anderen Übungen die Stabilisation der Bauchmuskulatur gewährleistet ist, wird der Bauch erst am Ende trainiert. Durch das lange Sitzen werden so Verschleißerscheinungen an der Wirbelsäule, zum Beispiel, vorgebeugt. Ergänzend für ein Ganzkörperprogramm wird hier der Musculus rectus abdominis, Musculus obliquus internus abdominis et externus trainiert.

5 Literaturrecherche

Die Autoren der beiden Studien haben sich mit der Effektivität des Krafttrainings in Bezug auf Osteoporose auseinandergesetzt.

5.1 1. Studie

Tab. 8: Übersicht der 1. Studie über die Effektivität des Krafttrainings bei Osteoporose (eigene Darstellung)

Studie 1	
Name der Studie	Krafttraining an konventionellen bzw. ozillierenden Geräten und Wirbelsäulengymnastik in der Prävention der Osteoporose bei postmenopausalen Frauen
Autor der Studie	Siegrist M, Jeschke D, Lammel C
Datum der Publikation	2006

15

Studie 1	
Forschungsfrage	Wie wirkt sich die Effektivität verschiedener Trainingsprogramme auf Knochen, Muskelkraft, dynamische Leistungsfähigkeit sowie Befindlichkeit bei osteopenischen, postmenopausalen Frauen aus?
Probanden	Die 12-monatige Studie wurde mit 69 postmenopausalen, osteopenischen Frauen durchgeführt. Sie sind zwischen 50 und 70 Jahre alt und die letzte Menstruation liegt mindestens zwei Jahre zurück.
Versuchsaufbau	Bei allen Frauen wurde die Belastbarkeit auf einem Fahrradergometrie unter EKG-Kontrolle getestet. Mit einem 1RM Test wurde die maximale Kraft der Kniegelenkstrecker und Unterarmbeuger getestet. Einmal die Woche füllten die Frauen vor und nach dem Training eine Analogskala über das Wohlbefinden aus. Alle Probanden nahmen zweimal pro Woche an einem Wirbelsäulengymnastikkurs teil, davon nahmen 20 Frauen ausschließlich an dem Kurs teil. 26 Frauen nahmen zu dem Kurs zweimal in der Woche, 30 Minuten an einem konventionellem Krafttraining an verschiedenen Geräten, bei 60-80% des 1RM, Tests, teil. Die restlichen 23 Frauen führten zweimal die Woche, 10 Minuten ein Krafttraining mit vibrierenden Trainingsgeräten und Zusatzgewichten, bis zur lokalen Muskelermüdung, durch. Vor der Durchführung wurde die Knochendichte an der Lendenwirbelsäule (LWK 2-4) und am Oberschenkelhals der Probanden mithilfe der DXA-Methode (dual -X-ray-absorptiopmetry) gemessen.
Ergebnis	KT führt zu einer Vergrößerung (+1,3%) der gemessenen Knochenfläche am Oberschenkelhals. Bei allen Frauen gab es keine Veränderungen an der LWS in Bezug auf die Knochendichte und -masse. Sowohl KT als auch VT zeigten Zunahmen der maximalen dyn. Kraft der Beinstrecker (KT: +50%; VT: +54%) und Armbeuger (KT: +24%; VT: +17%). Die Beinkraft wird durch die WS um 22% verbessert. Auf dem Fahrradergometrie ist eine relative Maximalleistung durch KT um 8% gestiegen, durch WS um 6%. Bei VT zeigten sich keine Änderungen, da hier die gewonnene Kraft nicht in einen länger andauernden Arbeitsprozess umgesetzt werden konnte. Hinsichtlich des Wohlbefindens und der Rückenschmerzen gab es entscheidende Unterschiede. Bei der WS alleine waren diese Veränderungen am stärksten. WS ist für Osteoporose Prävention sehr zu empfehlen. Unter Zusatzgewicht kommt es primär zur Verbesserung der Muskelkraft bei einem zusätzlichen oszillierenden Training. Inwieweit das jetzt der Osteoporose Prävention hilft, kann man so allein nicht sagen. Dahingegen hilft das zusätzliche konventionelle Krafttraining. Denn neben einem erhöhten Kraftgewinn, zeigen sich Verbesserungen der Knochengeometrie und ist so für ein präventives Osteoporose-Training zu empfehlen.

5.2 2. Studie

Tab. 9: Übersicht der 2. Studie über die Effektivität des Krafttrainings bei Osteoporose (eigene Darstellung)

Studie 2	
Name der Studie	Umsetzung leistungssportlicher Prinzipien in der Osteoporose-Prophylaxe – Zusammenfassende Ergebnisse der Erlanger Fitness und Osteoporose Präventions- Studie (EFOPS)
Autor der Studie	Kemmler W, Von Stengel S, Lauber D, Weineck J, Kalender WA, Engelke K
Datum der Publikation	2007
Forschungsfrage	Wie ist der Effekt eines fünfjährigen Trainingsprogramms auf die Knochendichte unterschiedlicher Körperregionen bei frühpostmenopausalen osteopenischen Frauen?
Probanden	86 Frauen ohne Einnahmen von Medikamenten, 51 Frauen dienten als nicht trainierende Kontrollgruppe
Versuchsdurchführung	Beide Gruppen nahmen Kalzium und Vitamin-D ein. Zu Beginn wurde die Knochendichte an der Lendenwirbelsäule und am Oberschenkelhals gemessen. Die 86 Frauen trainierten 60-70 Minuten anfangs zweimal, später dreimal mal pro Woche und zusätzlich 20-25 Minuten zuerst zweimal, später einmal zu Hause. Die 86 Frauen wurden in Gruppen von 10-15 Probanden aufgeteilt. Das Training bestand aus einer Ausdauersequenz, einer Sprungsequenz und einer Kraftsequenz. Die Heimtrainingseinheit umfasste ein Programm aus Seilspringen (viermal 20Wdh. mit 2Hz.) sowie einem isometrischen Maximalkrafttraining mit 8-10 Übungen, 2-3 Sätzen über 6-12s bei maximaler Anspannung und einer Pausendauer von 20 Sekunden.
Ergebnis	Nach 3 Jahren zeigten sich große Unterschiede im Bezug auf die Knochendichte an der LWS zwischen der Trainings- und Kontrollgruppe und an der Knochenrinde. In der Trainingsgruppe kam es zu Zunahmen diesbezüglich wo man hingegen in der Kontrollgruppe eine Abnahme feststellen konnte. Im Bezug auf die Bewegungsgeschwindigkeit der Knochen, gab es Unterschiede zwischen schnell -und langsam trainierender Gruppen nur in der LWS-Region (-0,3% vs. -2,4%) nach zwei weiteren Jahren. Insgesamt hat das intensive, zielorientierte Training auf die Knochendichte bei Frauen einen positiven Effekt.

6 Literaturverzeichnis

Eifler, C. (2013). Empirische Überprüfung der Effekte verschiedener Ansätze zur Intensitätssteuerung im fitnessorientierten Krafttraining. Dissertation, Universität des Saarlandes. Saarbrücken,

Eifler, C. (2019). Studienbrief Trainingslehre 1 –Aufbau einer Trainingseinheit. Ausgewählte Verfahren der Kraftdiagnostik. Trainingsplanung im Krafttraining. (rev.22.036.000). Saarbrücken: Deutsche Hochschule für Prävention und Gesundheitsmanagement.

Fröhlich, M., & Schmidtbleicher, D. (2008). Trainingshäufigkeit im Krafttraining - ein metaanalytischer Zugang. Deutsche Zeitschrift für Sportmedizin. Jahrgang 59, Nr.2

Güllich, A. & Schmidtbleicher, D. (1999). Struktur der Kraftfähigkeiten und ihrer Trainingsmethoden. Deutsche Zeitschrift für Sportmedizin, 50 (7+8), 223-234.

Gottlob, A. (2019). Differenziertes Krafttraining mit Schwerpunkt Wirbelsäule (5.Auflage) Urban & Fischer Verlag/Elsevier GmbH

Kemmler, W., von Stengel, S., Lauber, D., Weineck, J., Kalender, WA., Engelke, K. (2007) Umsetzung leistungssportlicher Prinzipien in der Osteoporose - Prophylaxe Zusammenfassende Ergebnisse der Erlanger Fitness und Osteoporose Präventions-Studie (EFOPS). Deutsche Zeitschrift für Sportmedizin, 58 (12), 427-432

Muth, N.D. (2009) American Council on Exercise (ACE) Blogartikel, What are the guidelines for percentage of body fat loss?

Martin, D., Carl, K. & Lehnertz, K. (1993). Handbuch Trainingslehre (2. Aufl.). Schorndorf: Hofmann.

Rogan, S. (2008). Nach dem Training ist vor dem Training. Physiotherapie. Thieme-connect.com.

Siegrist, M., Lammel, C., Jeschke, D., (2006). Krafttraining an konventionellen bzw. oszillierenden Geräten und Wirbelsäulengymnastik in der Prävention der Osteoporose bei postmenopausalen Frauen. Deutsche Zeitschrift für Sportmedizin, 57 (7/8), 182-188

7 Tabellenverzeichnis

BEI GRIN MACHT SICH IHR WISSEN BEZAHLT

- Wir veröffentlichen Ihre Hausarbeit,
  Bachelor- und Masterarbeit

- Ihr eigenes eBook und Buch -
  weltweit in allen wichtigen Shops

- Verdienen Sie an jedem Verkauf

Jetzt bei www.GRIN.com hochladen und kostenlos publizieren